Pe. FERDINANDO MANCILIO, C.Ss.R.
(Organizador)

Orações
nossas de cada dia

EDITORA
SANTUÁRIO

DIREÇÃO EDITORIAL:
Pe. Fábio Evaristo Resende Silva, C.Ss.R.

COORDENAÇÃO EDITORIAL:
Ana Lúcia de Castro Leite

DIAGRAMAÇÃO E CAPA:
Junior dos Santos

ISBN 978-85-369-0433-7

7ª impressão

Todos os direitos reservados à **EDITORA SANTUÁRIO** — 2024

Rua Padre Claro Monteiro, 342 — 12570-045 — Aparecida-SP
Tel: 12 3104-2000 — Televendas: 0800 016 00 04
www.editorasantuario.com.br
vendas@editorasantuario.com.br

Faz bem rezar

Não foram poucas as vezes em que Jesus parou para rezar. Entrava na intimidade do Pai e se dispunha a cumprir a vontade dele. A força para a missão encontrava em sua oração, tão significativa e importante. O Pai é modelo de vida, de missão e de oração para o cristão. Se o próprio Cristo assim fazia, por que não seguimos seu exemplo?

Colocamos em suas mãos este livro de orações, que deseja levar você à prece sincera e confiante. Esperamos que ele o ajude a rezar com mais fervor e, estando na intimidade divina, descubra a grandeza de criatura que você é para Deus e para o mundo.

Sinal da Cruz

A testa simboliza o céu e a sabedoria de Deus, o peito simboliza o grande amor de Jesus, e os ombros significam o poder de Deus.

† Pelo sinal da santa Cruz,
(faça uma pequena cruz na testa)

† Livrai-nos, Deus, nosso Senhor,
(faça uma pequena cruz nos lábios)

† Dos nossos inimigos.
(faça uma pequena cruz no peito)

Conclui-se fazendo o sinal da cruz:

† Em nome do Pai *(tocar a testa)*,
e do filho *(tocar o peito)*,
e do Espírito *(tocar o ombro esquerdo)*
Santo *(tocar o ombro direito)*. **Amém.**

Para começar bem o dia

Começar o dia junto do Senhor é como se aproximar da fonte, quando estamos com sede. Não deixemos de passar alguns instantes diante do Senhor, mesmo com os muitos afazeres de cada dia.

Oração da manhã

Nesta manhã vos louvo, Senhor. Como o sol que desponta e sua luz penetra o mundo, vosso amor e vossa bondade estão ao alcance de minhas mãos. Iluminai-me com vossa misericórdia, como o sol ilumina a terra, pois certamente terei de enfrentar dificuldades neste dia, porém, não quero perder nem a paz nem a esperança. Eu vos louvo e vos agradeço, Senhor, pois me conservastes com vida na noite que passou, e em vosso amor quero viver este dia. Amém.

Invocação ao Espírito Santo

Vinde, Espírito Santo, enchei os corações dos vossos fiéis e acendei neles o fogo do Vosso amor. Enviai o Vosso Espírito, e tudo será criado, e renovareis a face da terra.

Oremos: Ó Deus, que instruístes os corações dos vossos fiéis com a luz do Espírito Santo, fazei que apreciemos retamente todas as coisas, segundo o mesmo Espírito, e gozemos sempre da sua consolação. Por Cristo, nosso Senhor. Amém.

Pai-nosso

Pai nosso, que estais nos céus, santificado seja o vosso nome; venha a nós o vosso reino; seja feita a vossa vontade, assim na terra como no céu. O pão nosso de cada dia nos dai hoje; perdoai-nos as nossas ofensas; assim como nós perdoamos a quem nos tem ofendido. Não nos deixeis cair em tentação. Mas livrai-nos do mal. Amém.

Glória ao Pai

Glória ao Pai, ao Filho e ao Espírito Santo. Como era no princípio, agora e sempre. Amém.

Ato de fé

Eu creio firmemente que há um só Deus, em três pessoas realmente distintas, Pai, Filho e Espírito Santo. Creio que o Filho de Deus se fez homem, padeceu e morreu na cruz para nos salvar, e que ao terceiro dia ressuscitou. Creio tudo o mais que crê e ensina a Santa Igreja Católica, Apostólica, Romana, porque

Deus, verdade infalível, lho revelou. E nesta crença quero viver e morrer. Senhor, aumentai a minha fé!

Ato de esperança

Eu espero, meu Deus, com firme confiança, que pelos merecimentos de meu Senhor Jesus Cristo me dareis a salvação eterna e as graças necessárias para consegui-la, porque vós, sumamente bom e poderoso, o haveis prometido a quem observar fielmente os vossos mandamentos, como eu proponho fazer com o vosso auxílio. Senhor, fortificai a minha esperança!

Ato de caridade

Eu vos amo, meu Deus, de todo o meu coração e sobre todas as coisas, porque sois infinitamente bom e amável, e antes quero perder tudo do que vos ofender. Por amor de vós, amo meu próximo como a mim mesmo. Senhor, inflamai o meu amor!

Creio

Creio em Deus-Pai todo poderoso, criador do céu e da terra. E em Jesus Cristo, seu único filho, nosso Senhor, que foi concebido pelo poder do Espírito Santo; nasceu da Virgem Maria; padeceu sob Pôncio Pilatos, foi crucificado, morto e sepultado. Desceu à mansão dos mortos, ressuscitou ao terceiro dia, subiu aos céus; está sentado à direita de Deus Pai todo-poderoso, donde há de vir a julgar os vivos e os mortos. Creio no Espírito Santo; na Santa Igreja Católica; na comunhão dos santos; na remissão dos pecados; na ressurreição da carne; na vida eterna. Amém.

Para terminar o dia em paz

Oração da noite

Ó meu Deus, eu vos amo de todo o meu coração. Dou-vos graças por todos os benefícios que me fizestes, especialmente por me haverdes feito cristão e conservado durante este dia. Creio em vós. Espero em vós. Ofereço-vos tudo o que hoje fiz de bom e peço-vos que me livreis de todo o mal.

Ato de contrição

Meu Deus , eu me arrependo de todo o meu coração de vos ter ofendido porque sois tão bom e amável. Prometo com a vossa graça nunca mais pecar. Meu Jesus, misericórdia.

Para pedir Proteção

Oração do Anjo da Guarda

Santo Anjo do senhor, meu zeloso guardador, se a ti me confiou a piedade divina, sempre me rege, guarda, governa, ilumina. Amém.

Defendei-me, Senhor

Grandioso Deus, Pai de amor e bondade. Venho à tua presença pedir proteção. Que o teu anjo permaneça ao meu redor, livrando-me de todo perigo. Que eu não tema as trevas, que eu não tema o homem, que eu não tema o mal. Ao seguir o meu caminho, que eu possa sentir a tua presença, a tua forte mão amparando-me, sustentando-me, protegendo-me. Que tu sejas o meu escudo, o meu refúgio contra as tempestades, o guardião da minha vida. Estejas na minha frente, que sejas a minha retaguarda, que estejas sobre mim. Guarda o meu lar e os meus entes queridos. Amém.

Para pedir o auxílio de Maria

Deus voltou seu olhar para nós, escolhendo Maria para ser a Mãe de Jesus. Ela é o modelo de vida cristã e de Igreja. Sem ela não temos Jesus, nem somos Igreja.

Ave-Maria

Ave, Maria, cheia de graça, o Senhor é convosco, bendita sois vós entre as mulheres e bendito é o fruto do vosso ventre, Jesus. Santa Maria, Mãe de Deus, rogai por nós, pecadores, agora e na hora de nossa morte. Amém.

Agradecimento

Graças vos damos, soberana Rainha, pelos benefícios que todos os dias recebemos de vossas mãos liberais. Dignai-vos agora e para sempre tomar-nos debaixo de vosso poderoso amparo, e para mais vos obrigar, vos saudamos com uma Salve-Rainha.

Salve-Rainha

Salve, Rainha, Mãe de misericórdia, vida, doçura e esperança nossa, salve! A vós bradamos, os degredados filhos de Eva; a vós suspiramos, gemendo e chorando neste vale de lágrimas. Eia, pois, Advogada nossa, esses vossos olhos misericordiosos a nós volvei e depois deste desterro mostrai-nos Jesus, bendito fruto do vosso ventre, ó clemente, ó piedosa, ó doce Virgem Maria! Rogai por nós, Santa Mãe de Deus, para que sejamos dignos das promessas de Cristo. Amém.

Ângelus

O anjo do Senhor anunciou a Maria.
– E ela concebeu do Espírito Santo.
Ave, Maria...
– Eis aqui a serva do Senhor.
– Faça-se em mim segundo a vossa palavra. Ave, Maria...
– E o verbo divino se fez homem.
– E habitou entre nós. Ave, Maria...
– Rogai por nós, santa Mãe de Deus.
– Para que sejamos dignos das promessas de Cristo. Amém
Oremos: Infundi, Senhor, em nossos corações, a vossa graça para que, conhecendo pela anunciação do anjo a encarnação de vosso Filho, cheguemos por sua paixão e cruz à glória da ressurreição. Pelo mesmo Cristo, Senhor nosso. Amém.

Oração do Terço

Como rezar o terço:
– Reza-se a oração inicial: Divino Jesus, nós vos oferecemos este terço que vamos rezar, contemplando os mistérios da nossa Redenção. Concedei-nos pela intercessão de Maria, vossa Mãe Santíssima, a quem nos dirigimos, as virtudes para bem rezá-lo e a graça de ganharmos as indulgências desta santa devoção.
– Reza-se o Creio em Deus Pai, Pai-Nosso, 3 Ave-Marias
– Reza-se o Mistério, Pai-Nosso, 10 Ave-Marias, Glória ao Pai
– Reza-se a Salve-Rainha, no final dos cinco mistérios
– Reza-se a Oração Final, depois da Salve-Rainha: Ó Deus, vós nos concedeis recordar e celebrar com fé os mistérios da salvação, realizada por vosso filho.

Que os vossos filhos, apoiados na reza do Rosário, possam conservar e meditar em seus corações as alegrias, os sofrimentos e a glória de Jesus, com Maria sua Mãe. Nós vos pedimos pelo mesmo Jesus, vosso Filho, na unidade do Espírito Santo. Amém.

Mistérios gozosos *(2ª feira e sábado)*
1º A Anunciação do Anjo a Nossa Senhora.
2º A visita de Nossa Senhora à sua prima Isabel.
3º O nascimento de Jesus em Belém.
4º A apresentação do Menino Jesus no Templo.
5º A perda e o encontro de Jesus no Templo.

Mistérios luminosos *(5ª feira)*
1º O batismo de Jesus no Jordão.
2º O Primeiro sinal de Jesus nas Bodas de Caná.

3º A proclamação do Reino de Deus e convite à conversão.
4º A Transfiguração de Jesus no monte Tabor.
5º A Instituição da Sagrada Eucaristia.

Mistérios dolorosos *(3ª e 6ª feira)*
1º A agonia de Jesus no Horto das Oliveiras.
2º Jesus é açoitado e flagelado.
3º Jesus é coroado de espinhos por seus algozes.
4º Jesus carrega sua cruz ao Calvário.
5º A crucificação e morte de Jesus.

Mistérios gloriosos *(4ª feira e domingo)*
1º A Ressurreição de Jesus.
2º A Ascensão de Jesus ao Céu.
3º A vinda do Espírito Santo sobre os Apóstolos.
4º A Assunção de Nossa Senhora ao Céu.
5º A Coroação de Nossa Senhora como Rainha do Céu e da terra.

Consagração a Maria

Ó minha Senhora e minha Mãe, eu me ofereço totalmente a vós. E, em prova de minha devoção para convosco, consagro-vos neste dia os meus olhos, os meus ouvidos, a minha boca, o meu coração e inteiramente todo o meu ser. E porque assim sou vosso, ó incomparável Mãe, guardai-me e defendei-me como bem e filho(a) vosso(a). Amém.

Consagração a Nossa Senhora Aparecida

Ó Maria Santíssima, pelos méritos de Nosso Senhor Jesus Cristo, em vossa querida imagem de Aparecida, espalhais inúmeros benefícios sobre todo o Brasil. Eu, embora indigno de pertencer ao número de vossos filhos e filhas, mas cheio do desejo de participar dos benefícios de vossa misericórdia, prostrado a vossos pés, consagro-vos o meu entendimento, para que sempre pense no amor que mereceis; consagro-vos a minha língua para que sempre vos louve e propague a vossa devoção; consagro-vos o meu coração, para que, depois de Deus, vos ame sobre todas as coisas. Recebei-me, ó Rainha incomparável, vós que o Cristo crucificado deu-nos por Mãe, no ditoso número de vossos filhos e filhas; acolhei-me debaixo de vossa proteção; socorrei-me em todas as minhas necessidades, espirituais e temporais, sobretudo na hora de minha morte. Abençoai-me, ó celestial cooperadora, e com vossa poderosa intercessão, fortalecei-me em minha fraqueza, a fim de que, servindo-vos fielmente nesta vida, possa louvar-vos, amar-vos e dar-

-vos graças no céu, por toda eternidade. Assim seja!

Ladainha de Nossa Senhora

Senhor, tende piedade de nós
Cristo, tende piedade de nós
Senhor, tende piedade de nós
Cristo, ouvi-nos
Cristo, atendei-nos.
Deus Pai do céu, tende piedade de nós
Deus Filho Redentor do mundo, tende piedade de nós
Deus Espírito Santo, tende piedade de nós
Santíssima Trindade, que sois um só Deus, tende piedade de nós
Santa Maria, rogai por nós.
Santa Mãe de Deus,
Santa Virgem das virgens,
Mãe de Cristo,

Mãe da Igreja
Mãe da divina graça,
Mãe puríssima,
Mãe castíssima,
Mãe sempre virgem,
Mãe imaculada,
Mãe digna de amor,
Mãe admirável,
Mãe do bom conselho,
Mãe do Criador,
Mãe do Salvador,
Virgem prudentíssima,
Virgem venerável,
Virgem louvável,
Virgem poderosa,
Virgem clemente,
Virgem fiel,
Espelho de perfeição,
Sede da Sabedoria,
Fonte de nossa alegria,
Vaso espiritual,
Tabernáculo da eterna glória,
Moradia consagrada a Deus,

Rosa mística,
Torre de Davi,
Torre de marfim,
Casa de ouro,
Arca da aliança,
Porta do céu,
Estrela da manhã,
Saúde dos enfermos,
Refúgio dos pecadores,
Consoladora dos aflitos,
Auxílio dos cristãos,
Rainha dos Anjos,
Rainha dos Patriarcas,
Rainha dos Profetas,
Rainha dos Apóstolos,
Rainha dos Mártires,
Rainha dos confessores da fé,
Rainha das Virgens,
Rainha de todos os Santos,
Rainha concebida sem pecado original,
Rainha assunta ao céu,
Rainha do santo Rosário,
Rainha da paz.

Cordeiro de Deus, que tirais os pecados do mundo, perdoai-nos, Senhor.
Cordeiro de Deus, que tirais os pecados do mundo, ouvi-nos, Senhor.
Cordeiro de Deus, que tirais os pecados do mundo, tende piedade de nós.
Rogai por nós, santa Mãe de Deus, para que sejamos dignos das promessas de Cristo.

Orações para as refeições

Antes de comer

Abençoai, Senhor, este alimento que vamos tomar por vossa bondade; abençoai também as mãos que o prepararam. Pai-nosso...

Ou

Senhor, nós vos bendizemos por este alimento que vai nos dar forças para continuar lutando. Não permitais que ele venha a faltar à nossa mesa nem à mesa de nossos irmãos. Amém.

Após as refeições

Nós vos agradecemos, Deus todo-poderoso, todos os benefícios que nos fizestes, especialmente este alimento que acabamos de tomar. Ave, Maria...

Diante de Jesus sacramentado

Jesus está presente na Eucaristia, em sua Palavra, o Evangelho, nos atos de bondade e de misericórdia. Por amor, jamais deixa de estar ao nosso lado. Ele se encontra conosco todos os dias. Porém, só percebe sua presença o coração que reza.

Copiosa redenção

Ó bendita encarnação, **Deus amor, Deus perdão!**
Ó bendita salvação, **Deus amor...**
Ó copiosa redenção, **Deus amor...**
Ó bendita misericórdia, **Deus amor...**
Ó bendito Santo e Santificador entre nós, **Deus amor...**
Jesus Cristo, Deus amor, Deus perdão!
Fazei-nos verdadeiros irmãos e irmãs vossos,

e seja nosso coração pleno de bondade,
de misericórdia, de caridade e de perdão!
Nós vos saudamos, Pão angélico, Pão do céu, Pão da eternidade,
nós vos adoramos neste sacramento!
Salve, Jesus, Filho de Maria,
na hóstia santa, sois o Deus verdadeiro! Amém!

Ato de louvor

– Bendito seja Deus.
– Bendito seja o seu santo nome.
– Bendito seja Jesus Cristo, verdadeiro Deus e verdadeiro homem.
– Bendito seja o nome de Jesus.
– Bendito seja o seu Sacratíssimo coração.
– Bendito seja o seu preciosíssimo sangue.
– Bendito seja Jesus no Santíssimo sacramento do altar.

– Bendito seja o Espírito Santo Paráclito.
– Bendita seja a grande mãe de Deus, Maria santíssima.
– Bendita seja sua santa e imaculada conceição.
– Bendita seja sua gloriosa assunção.
– Bendito seja o nome de Maria, virgem e mãe.
– Bendito seja são José, seu castíssimo esposo.
– Bendito seja Deus, nos seus anjos e nos seus santos.
– Deus e Senhor nosso, protegei a vossa Igreja, dai-lhe santos pastores e dignos ministros. Derramai as vossas bênçãos sobre o nosso Santo Padre, o papa, sobre o nosso bispo, sobre o nosso pároco e todo o clero, sobre o chefe da nação e do Estado e sobre todas as pessoas constituídas em dignidade para que governem com justiça. Dai ao povo brasileiro paz constante e prosperidade completa. Favorecei com os efeitos contínuos de

vossa bondade o Brasil, este (arce)bispado, a paróquia em que habitamos, cada um de nós em particular e todas as pessoas por quem somos obrigados a rezar ou que se recomendaram as nossas orações. Tende misericórdia das almas dos fiéis que padecem no purgatório. Dai-lhes, Senhor, o descanso e a luz eterna. (Pai nosso, Ave-maria, Glória ao Pai)

Alma de Cristo

Alma de Cristo, santificai-me. Corpo de Cristo, salvai-me. Sangue de Cristo, inebriai-me. Água do lado de Cristo, lavai-me. Paixão de Cristo, confortai-me. Ó bom Jesus, ouvi-me. Dentro das Vossas Chagas, escondei-me. Não permitais que de vós me separe. Do espírito maligno, defendei-me. Na hora da minha morte, chamai-me. E mandai-me ir para vós, para que vos louve com os vossos Santos, por todos os séculos. Amém.

Litanias

Litania é a prece em forma de ladainha, em que se repete um refrão único em toda a oração, ou com alguma diferenciação na resposta.

Litania da paz

Deus de misericórdia e de bondade,
Concedei-nos vossa luz e vossa paz!
Vós que fizestes conosco a Aliança de amor eterno em Jesus. **Concedei...**
Vós que instituístes a Igreja, sinal de vosso Reino. **Concedei...**
Vós que, em vosso Filho Jesus, reunistes o povo disperso. **Concedei...**
E fizestes dele o povo da nova Aliança. **Concedei...**
Abençoai vosso servo o santo padre, o Papa. **Concedei...**
Concedei-lhe a força da vida, da espe-

rança e da santidade! **Concedei...**
Que sua prece e sua dedicação ajudem a Igreja em sua missão! **Concedei...**
Inspirai os cardeais na exigente missão de eleger o novo papa! **Concedei...**
Que ele tenha vossa inspiração em conduzir a Igreja nos tempos de agora! **Concedei...**
Seja iluminado pela luz de vosso Espírito de Amor! **Concedei...**
E ajude o povo a se alegrar e viver na paz! **Concedei...**
Tudo isso, Senhor Deus e Pai, colocamos em vosso coração sempre pleno de misericórdia para conosco. E fazei-nos caminhar como verdadeiro povo de vossa Aliança, junto com Jesus, nosso Redentor, que convosco vive e reina para sempre! **Amém!**

Litania da esperança

Quando a vida parecer difícil.
Iluminai-me, Deus da Luz, Deus da vida!
Quando a incerteza estiver diante de mim. **Iluminai-me...**
Quando tudo parecer não ter mais solução. **Iluminai-me...**
Quando a surpresa da dor me tirar a tranquilidade. **Iluminai-me...**
Quando eu me esquecer da utopia e do sonho. **Iluminai-me...**
Em tudo que me cerca na vida, **sei que estais presente,**
que me estendeis vossas mãos, **e me sustentais com vosso amor.**
Dai-me, Senhor, **vossa paz,** e guiai-me **para dentro de vosso Reino. Amém.**

Orações pelos enfermos e agonizantes

Pelos enfermos

Senhor Jesus, pela vossa palavra e pelos gestos de vossas mãos, curastes cegos, paralíticos, leprosos e tantos outros doentes. Animados pela fé, nós também vimos suplicar pelos nossos enfermos. Dai-lhes, Senhor: A graça da perseverança na oração, apesar do desânimo próprio da doença. A graça da coragem para buscar a cura, mesmo depois de várias tentativas. A graça da simplicidade para aceitar a ajuda dos profissionais, familiares e amigos. A graça da humildade, para reconhecer as próprias limitações. A graça da paciência nas dores e dificuldades do tratamento. A graça de compreender, pela fé, a transitoriedade desta vida. A graça de entender que o pecado é a maior de todas as enfermidades. Que tenhamos todos a compreensão de que no sofrimento humano se completa vossa Paixão Redentora. Se for para vossa glória, nós vos pedimos a cura de todos os nossos enfermos. Amém!

Pelos agonizantes

Ó misericordiosíssimo Jesus, que ardeis de amor pelas almas, suplico-vos, pelos méritos da agonia do vosso Sacratíssimo Coração e das dores de vossa Mãe Imaculada, purificai em vosso Sangue todos os pecadores da terra que estão próximos de partir para a vossa Casa. Amém. Coração agonizante de Jesus, tende piedade dos moribundos. Amém.

Orações pelos falecidos

Responso

Dai-lhes, Senhor, o descanso eterno. Brilhe para eles a luz perpétua. Descansem em paz. Amém.

Por um ente querido

Nas vossas mãos, Pai de misericórdia, entregamos nosso(a) querido(a) (*nome do falecido*), na firme esperança de que ele(ela) ressuscitará com Cristo no último dia, como todos os que em Cristo adormeceram. Nós vos damos graças por todos os dons que lhe concedestes na sua vida mortal. Escutai, Senhor, as nossas preces: abri para ele(ela) as portas do paraíso, e a nós que ficamos, concedei que nos consolemos uns aos outros com as palavras de Fé. É o que vos pedimos por Jesus Cristo, vosso Filho, na unidade do Espírito santo.

No aniversário de falecimento

Hoje, Senhor, reverenciamos nossos entes queridos e aqueles que conhecemos: (*nome do falecido*). Eles venceram seu tempo, e chegado o crepúsculo desta vida mergulharam na aurora de vossa eternidade. Foram banhados em vosso amor eterno e se alegram eternamente, entoam sem cessar vossos louvores com gratidão e alegria sem fim. Senhor, a morte não é nosso fim, pois bem sabemos que em vós ela é renascimento, é plenitude, é paz. Obrigado, Senhor, pela vida, dom de vosso amor.

Obrigado, Senhor, por aqueles que conhecemos e convivemos e já se foram do meio de nós, e junto de vós são nossos intercessores. Ajudai-nos, Senhor, a viver em vosso amor, para alcançarmos a eternidade. Amém.

Orações diversas

São tantas as circunstâncias, os fatos e acontecimentos que nos levam a rezar. A consciência que temos do amor de Deus por nós nos faz perceber e compreender a ação e presença de Deus até nas coisas mais corriqueiras da vida.

Oração pela família

Senhor Jesus Cristo, vivendo em família com Maria, vossa Mãe, e com São José, vosso pai adotivo, santificastes a família humana. Vivei também conosco, em nosso lar, e assim formaremos uma pequena Igreja, pela vida de fé e oração, amor ao Pai e aos irmãos, união no trabalho, respeito pela santidade do matrimônio e esperança viva na vida eterna. Senhor Jesus Cristo, dai às nossas famílias coragem nas lutas, conformidade nos sofrimentos, alegria na caminhada para a casa do Pai. Amém.

Oração da criança

Obrigado, Senhor, por este mundo bonito que o Senhor fez. Obrigado por todas as coisas bonitas que estão por cima da terra e que nós vemos. Obrigado também por aquelas que estão escondidas debaixo da terra ou das águas e que não vemos. Eu vou respeitar tudo o que o Senhor criou. Vou usar as coisas do mundo para viver, mas sem estragar os rios e os mares, as plantas e os animais. Obrigado, Senhor, pelo mundo bonito que o Senhor fez para nós. E eu quero sempre amar muito a Jesus. Amém.

Oração do jovem

Senhor Jesus Cristo, fostes o jovem de Nazaré. Vivestes a alegria da vida, e assumistes sem reserva vossa missão no mundo: Anunciar a verdade do Reino! Ensinai-me a viver minha juventude, acolhendo os valores mais profundos, vivendo com dignidade minha vida, para que eu seja livre e feliz. Arrancai de meu coração desejos vãos, e fortalecei-me na esperança de ver um dia a juventude cantando nas ruas e praças, com violões e guitarras, com sons contagiantes, que embalam a vida no caminho da paz, sem as amarras da dominação de um mundo sem Deus. Sejam minhas relações humanas carregadas de ternura, de paz e de sonho bom, e jamais a escravidão das propostas ilusórias dos que fazem dos outros objetos de lucro e de prazer me seduza e me engane. Maria, Virgem de Nazaré, modelo de juventude vivida em Deus, ajudai-me todos os dias, com vossa presença materna! Amém!

Oração da mulher

Senhor Deus, vós me criastes em vosso amor e me destes uma dignidade humana e divina. Vosso Coração, carregado de amor, de bondade e de misericórdia, me amou e me ama desde toda eternidade. Vós sois o Deus de infinito amor. Tocai em meu coração humano e feminino, para que ele seja terno, sereno e sempre disposto a vos servir na minha feminilidade. Sei que vós quereis que eu seja santa e manifeste vossa ternura ao mundo. Inspirando-me nas Mulheres que fizeram a História da Salvação viverei minha dignidade humana e divina, e também serei colaboradora de vossa grande obra de amor. Fortalecei-me, Senhor Deus, em minha vocação de mulher, e que eu seja nesta vida como a mulher samaritana, que descobre e redescobre em vós a fonte eterna de vida, de paz, de realização. Vossa Palavra seja a fonte de água límpida que mata minha sede de vida. Maria Santíssima, que sois a Mulher entre todas as mulheres, conservai-me no amor de vosso Filho Jesus. Amém.

Oração das mães

Senhor meu Deus, vós que me chamastes à vocação maternal, conservai-me em vosso caminho. Dai-me a graça de manifestar em minha vida, a vida e a ternura de que o mundo tanto necessita. Ajudai-me a descobrir e mostrar vossa face materna e divina, pois as mães são reflexos de vosso desejo inefável: Vosso amor gerador de vida e de paz. Vós estais ao meu lado nas horas de dificuldades, e nas instabilidades desta vida encontro vosso amparo, pois sois meu refúgio. Multiplicai meus dias para que eu possa continuar vivendo a vocação materna que me destes. Humildemente eu vos peço: Acompanhai-me em todas as minhas vitórias e preocupações e sede a luz que me guia sempre, seja dia ou seja noite. Vossa Palavra seja minha força e minha luz. Maria, Mãe de Jesus, vós que fostes Mãe, Mulher e Esposa, sede meu amparo e conduzi-me no caminho que me leva até vosso Filho Jesus, nosso Redentor. Amém.

Oração Vocacional

Jesus, mestre divino, que chamastes os Apóstolos a vos seguirem, continuai a passar pelas nossas famílias, pelas nossas escolas e continuai a repetir o convite a muitos de nossos jovens. Dai coragem às pessoas convidadas. Dai força para que vos sejam fiéis como apóstolos leigos, como diáconos, padres e bispos, como religiosos e religiosas, como missionários e missionárias, para o bem do povo de Deus e de toda a humanidade. Amém.
(Papa Paulo VI)

Oração antes de viajar

Senhor, tu conheces todos os caminhos e diante de ti não há segredos: nada está oculto aos teus olhos e nada acontece sem a tua permissão. Concede-me a felicidade de iniciar esta viagem, lembrando-me de mim e dando-me a possibilidade de ida e de retorno em paz e tranquilidade no teu infinito amor e na tua benevolência. Acompanha-me com tua bondosa segurança e dirige meus passos e destinos com o costumeiro amor de teu coração, mantendo-me sempre perto de ti, Senhor. Faze-me ver claramente os obstáculos e as dificuldades, ajudando-me a encontrar soluções e saídas. Que eu fique a salvo de aflição e desesperos, graças a tua bênção e a tua paz. Bendito sejas, ó eterno Deus, nosso Pai, que me conservaste em vida, e me aparelhaste para que, à luz de tua presença, encontre sempre novos caminhos e resposta plena aos meus anseios. Amém.

Oração pelos que sofrem

Ó Pai, vede os sofrimentos de vossos filhos, vede o momento difícil pelo qual passamos. Glorificai vossos filhos, sustentando nossa fraqueza, para que também vos glorifiquemos manifestando vosso poder. Pai, se for possível, afastai de nós este cálice. Mas nosso entendimento não penetra vosso plano de amor e se não for conforme vossa vontade, se temos de beber este cálice de amargura, ajudai-nos com a força de vossa graça, para que possamos repetir, não só com os lábios, mas também com o coração, a oração de Jesus Cristo no Horto das Oliveiras: "Faça-se como vós quereis, não como nós queremos". Muitas vezes, somos perseguidos, humilhados, injustiçados. Dai-nos perceber que o discípulo não é maior que o mestre e que Cristo vive em nós e os mistérios de sua paixão redentora. Ajudai-nos a superar todo o ressentimento e a rezar como vosso Filho na Cruz: "Pai, perdoai-lhes". Sabemos que vosso plano de amor muitas vezes nos coloca na cruz. Que ele se realize em nós, para que possamos repetir confiantes a última oração de Vosso Filho: "Em vossas mãos, ó Pai, entrego meu Espírito" e, assim esperarmos, tranquilos, que vosso poder se manifeste na glória de nossa ressurreição. Amém.

ÍNDICE

Faz bem rezar 3
Sinal da Cruz 4
Para começar bem o dia 5
Oração da manhã 5
Invocação ao Espírito Santo 6
Pai-nosso 6
Glória ao Pai 7
Ato de fé 7
Ato de esperança 8
Ato de caridade 8
Creio 9
Para terminar o dia em paz 10
Oração da noite 10
Ato de contrição 10
Para pedir proteção 11
Oração do Anjo da Guarda 11
Defendei-me, Senhor 11
Para pedir o auxílio de Maria 13
Ave-Maria 13
Agradecimento 13
Salve-Rainha 14
Ângelus 15
Oração do Terço 16
Consagração a Maria 19
Consagração a Nossa Senhora Aparecida ... 19
Ladainha de Nossa Senhora 21

Orações para as refeições...................................25
Antes de comer...25
Após as refeições...25

Diante de Jesus sacramentado...........................26
Copiosa redenção..26
Ato de louvor 27
Alma de Cristo 29

Litanias..30
Litania da paz..30
Litania da esperança..32

Orações pelos enfermos e agonizantes...........33
Pelos enfermos...33
Pelos agonizantes 34

Orações pelos falecidos..35
Responso..35
Por um ente querido..35
No aniversário de falecimento...............................36

Orações diversas..38
Oração pela família 38
Oração da criança 39
Oração do jovem...39
Oração da mulher..41
Oração das mães..42
Oração Vocacional...43
Oração antes de viajar 44
Oração pelos que sofrem...45